Mein Haushaltsbuch

Planen • Sparen • Wünsche erfüllen

Mein
Haushaltsbuch

_____

_____

EDITION XXL

Einleitung

Verschaffen Sie sich einen Überblick!

Das Monatsende ist noch nicht in Sicht, Ihr Geld aber schon beinahe verbraucht? Das sollten Sie ändern! Der erste Schritt in diese Richtung gelingt Ihnen mit einem klaren Überblick über Ihre Einnahmen und Ausgaben. Denn Möglichkeiten zum Sparen gibt es in jedem Haushalt. Sie müssen sie nur entdecken!

Legen Sie Ihr Haushaltsbuch an einen festen Platz und tragen Sie Ihre Einnahmen und Ausgaben regelmäßig ein. Wählen Sie dafür einen passenden Zeitpunkt, z.B. gleich nach dem Einkaufen. Oder schließen Sie den Tag bzw. die Woche damit ab, dass Sie sich noch einmal mit Ihren Haushaltsausgaben beschäftigen und die ausgegebenen Beträge eintragen. Wichtig ist, dass Sie zwischen Einkauf und Eintrag nicht zu viel Zeit verstreichen lassen.

Bewahren Sie Ihre Einkaufsbelege auf und fertigen Sie selbst eine kleine Notiz an, falls Sie keinen Beleg erhalten haben. Es ist sinnvoll, die Belege nach dem Eintragen der Ausgaben zu kennzeichnen und gegebenenfalls für eventuelle Garantiefälle abzuheften.

Feste Kosten

Ein Teil Ihres Einkommens ist zu Monatsbeginn bereits verplant: Miete, Kreditrückzahlungen, Abschlagszahlungen für Wasser und Strom, Heizkosten, Telefon und Internet, Versicherungsbeiträge, Leasingraten, Ausgaben für Musikunterricht, Vereinsbeiträge usw. werden eventuell von Ihrem Konto abgebucht. Es ist wichtig, die festen Kosten für jeden Monat im Blick zu behalten! Tragen Sie die jeweiligen Beträge in die dafür vorgesehene Gesamtübersicht (S. 12) ein und verrechnen Sie diese mit Ihren Einnahmen. So finden Sie schnell heraus, wie Ihr monatliches Budget tatsächlich aussieht.

Veränderliche Ausgaben

Das vorliegende Buch bietet viel Platz für die Erfassung Ihrer veränderlichen Haushaltsausgaben in jedem Monat. Für einen geordneten Überblick können Sie den einzelnen Beträgen unter „Bemerkungen" eine Kategorie zuweisen, wie z.B. „Lebensmittel", „Körperpflege", „Bildung und Unterhaltung", „Bekleidung" oder „Auto und Fahrtkosten".

Nach der Verrechnung von festen und veränderlichen Ausgaben mit Ihren Einkünften erhalten Sie dann den Restbetrag, den Sie – hoffentlich – sparen können.

Die Idee des Sparens

An den Einnahmen können Sie wahrscheinlich nicht viel ändern, wohl aber an den Ausgaben! Natürlich lässt sich durch die Wahl günstigerer Produkte nach einem durchgeführten Preisvergleich schon viel einsparen. Es geht aber noch besser: Am besten spart man natürlich, wenn man kein Geld ausgibt! Überlegen Sie sich deshalb genau, ob Sie einen Artikel tatsächlich benötigen. Das gilt auch für Schnäppchen und besonders günstige Sonderangebote. Hier ist die Versuchung besonders groß, Geld für Dinge auszugeben, die man nicht wirklich braucht. Möglicherweise lässt sich ein bereits vorhandenes Möbel- oder Kleidungsstück neu beleben oder aufwerten, was Ihnen vielleicht sogar noch Freude macht und Ihren Erfindungsreichtum zur Geltung bringt. Mit einfachen Mitteln lässt sich oft eine große Wirkung erzielen!

Außerdem sollte man nicht vergessen, dass die Natur in Frühling, Sommer und Herbst ein großzügiger Lieferant von Lebensmitteln, wie z.B. Beeren, und verschiedenen Materialien ist, die Ihren Koch- und Backkünsten sowie Ihrer Kreativität neue Impulse geben können. Verbunden mit einem Familienausflug in Wald und Wiesen wird daraus ein entspannendes und preiswertes Freizeitvergnügen.

Tipps zum Einkaufen

Auch sollten Sie nur die Lebensmittel einkaufen, die Sie tatsächlich brauchen. Am besten erstellen Sie zu Beginn der Woche einen Speiseplan, auf dessen Grundlage Sie Ihren Einkaufszettel schreiben. Legen Sie keine großen Vorräte von frischen Lebensmitteln an, da diese, vor allem im Sommer, leicht verderben. Kaufen Sie lieber in der Mitte der Woche noch einmal etwas nach. Oft bleiben auch Reste zurück, die sich mithilfe einfacher Zutaten in ein weiteres schmackhaftes Gericht verwandeln lassen und Ihren Speiseplan strecken.

Orientieren Sie sich an der Saison!

Preis und Qualität der verschiedenen Obst- und Gemüsesorten schwanken im Laufe des Jahres beträchtlich. Wenn Sie Ihren Speiseplan an der Saison ausrichten, können Sie dadurch Ihre Haushaltskasse entlasten und gleichzeitig etwas für die Umwelt tun. Der Saisonkalender am Ende des vorliegenden Buches kann Ihnen dabei helfen.

Spartipp für die Winterküche

Der Winter kann für Genießer zur Durststrecke werden. Frische Lebensmittel kommen von weit her, sind teuer und häufig geschmacklich nicht so ausgereift wie in der warmen Jahreszeit. Greifen Sie deshalb besser auf die auch im Winter erhältlichen Kohlsorten zurück. Eine gute Alternative sind Hülsenfrüchte, wie z.B. Linsen, Bohnen oder Kichererbsen. Sie sind auch in getrockneter Form sehr geschmacksintensiv und außerdem reich an Eiweiß, Mineralstoffen und Vitaminen. Hülsenfrüchte sind das ganze Jahr über erhältlich und zudem preiswert und gut zu lagern.

Wünsche

Damit Ihr Haushalt nicht vom Verzicht beherrscht wird, sollten Sie sich Ihre Ziele vor Augen führen und Ihre Wünsche aufschreiben. Denn Ihr erzielter Überschuss ermöglicht Ihnen lange ersehnte Anschaffungen oder Reisen. Auf dem Wunschzettel auf S.95 können Sie Ihre Wünsche und die Ihrer Familie zu Papier bringen.

Kontenübersicht

Kontoart	Kontoinhaber	Name der Bank	Bankleitzahl (BLZ)	Kontonummer	Freistellungs-betrag

Wenn man kein Geld hat,
denkt man immer an Geld.
Wenn man Geld hat,
denkt man nur noch an Geld.

Paul Getty,
amerikanischer Industrieller (1892–1976)

Freistellungsaufträge für Kapitalerträge

Wenn Sie und Ihre Familie über mehrere Konten verfügen, sollten Sie sich in regelmäßigen Zeitabschnitten einen Überblick verschaffen. Achten Sie insbesondere auf die erteilten Freistellungsaufträge für Kapitalerträge. Damit beauftragen Sie Ihr Kreditinstitut, einen zulässigen Teil Ihrer Kapitalerträge vom automatischen Steuerabzug freizustellen. Erteilen Sie keinen Freistellungsauftrag, führt die Bank nach einem festen Steuersatz von Ihren Zinsen automatisch die anfallende Einkommenssteuer (plus Solidaritätszuschlag und gegebenenfalls Kirchensteuer) an das Finanzamt ab. Bis zu derzeit 801,- Euro Zinsen pro Person und bis zu 1602,- Euro Zinsen für steuerlich gemeinsam veranlagte Ehegatten sind jährlich steuerfrei. Diesen Betrag können Sie auf die verschiedenen Kreditinstitute, bei denen Sie Konten eröffnet haben, verteilen.

Wenn Sie die Eröffnung eines Kontos bei einer neuen Bank beabsichtigen, sollten Sie die bisherige Aufteilung des Freistellungsbetrags überprüfen. Leider erinnert Sie die Bank in der Regel nicht daran! Auch für die korrekte Aufteilung des Freistellungsbetrags (bei der die Grenze des Freibetrags insgesamt nicht überschritten werden darf) sind Sie selbst verantwortlich.

Haben Sie es versäumt, Ihrer Bank einen Freistellungsauftrag zu erteilen, führt diese die fälligen Steuern von Ihren Kapitalerträgen halbjährlich an das zuständige Finanzamt ab. Der Blick auf die Kontobewegungen stellt Sie dann vor vollendete Tatsachen. Das ist ärgerlich, aber eine Rückerstattung der bereits abgeführten Kapitalertragssteuern ist nicht möglich. Verschenken Sie also kein Geld und erinnern Sie Ihren Banksachbearbeiter bei einer Kontoeröffnung immer gleich an das Formular zur Erteilung eines Freistellungsauftrags.

Kontoführungsgebühren

Bei der Verwaltung Ihrer Konten können Sie Geld sparen. Viele Banken erheben Kontoführungsgebühren, die mehrere Euro pro Monat betragen können. Es gibt aber auch Banken, die Ihr Girokonto völlig kostenfrei führen und zudem noch ein Startguthaben anbieten. Girokonten für Schüler und Studenten sind in der Regel gänzlich gebührenfrei. Informieren Sie sich über die verschiedenen Angebote, bevor Sie sich für eine Bank entscheiden.

Sind Sie an ein bestimmtes Kreditinstitut gebunden, können Sie Überweisungen oder andere Bankdienstleistungen auch am SB-Terminal oder via Internet-Banking am PC erledigen und dadurch Gebühren sparen. Auch für die Zustellung der Kontoauszüge erheben die meisten Banken zumindest die Portokosten. Diese können Sie einsparen, wenn Sie Ihre Auszüge beim Internet-Banking oder am Automaten der Bank ausdrucken lassen.

Daueraufträge und Einzugsermächtigungen

Art der Ausgabe	Empfänger	abgebucht vom Konto	bei der Bank	Bankleitzahl (BLZ)	Betrag

Barzahlung:

Größere Beträge zahlt man meistens mit Kreditkarte. Da die Kreditfirma dem Händler für die Abrechnung in der Regel eine Verwaltungsgebühr berechnet, gibt dieser Ihnen häufig Rabatt, wenn Sie bar bezahlen. Dann haben sowohl Sie als auch der Händler einen Vorteil.

Daueraufträge

Die monatlich anfallende Miete, Abschlagszahlungen für Strom und Wasser und Telefongebühren können bequem vom Konto abgebucht werden. Ebenso Kindergartengebühren, Vereinsbeiträge oder die Beträge für die Bausparkasse und für die Rückzahlung von Krediten. Wenn Sie Ihrer Bank einen Dauerauftrag oder dem Stromanbieter und der Wasserversorgung eine Einzugsermächtigung erteilen, gehen die fälligen Zahlungen pünktlich dort ein. Einige Versorgungsunternehmen berechnen sogar zusätzliche Gebühren, wenn Sie keine Einzugsermächtigung erteilen.

Mehrere monatlich fällige Zahlungen im Auge zu behalten, ist sicherlich kein Problem. Durch jährlich oder vierteljährlich abgebuchte Beträge kann man jedoch schnell den Überblick verlieren. Zwar wird der Dauerauftrag von einem nicht gedeckten Konto gar nicht erst ausgeführt oder es kommt zur Rückbuchung des angewiesenen Betrags. Dadurch können aber weitere Gebühren entstehen, deren Rechtmäßigkeit manchmal zwar strittig ist, für die

Sie als Schuldner im Zweifelsfall jedoch aufkommen oder zu deren Klärung Sie einen Rechtsanwalt einschalten müssen. Das kann viel Ärger und weitere Kosten nach sich ziehen! Lassen Sie es also besser nicht so weit kommen und notieren Sie, wann die jeweiligen Beträge von welchem Konto abgebucht werden. Überprüfen Sie die Bewegungen auf Ihrem Konto jeden Monat aufs Neue.

Sollte es mit dem verfügbaren Geld knapp werden, können Sie rechtzeitig mit Ihrer Bank Rücksprache halten, um hohe Zinsen für eine etwaige Überziehung Ihres Girokontos zu vermeiden.

Müll:
Durch konsequente Mülltrennung können Sie die Restmüllmenge deutlich verringern. Dann reicht oft die kleinste Mülltonne, die auch weniger kostet. Entsorgen Sie Abfall mit dem „Grünen Punkt" in den gelben Sack oder die gelbe Tonne, denn dafür haben Sie bereits beim Einkauf „mitbezahlt". Altpapier, Glas und Altkleider können Sie in die entsprechenden Sammelcontainer werfen.

Versicherungen

Versiche-rungsart	Versiche-rungsgesell-schaft	Telefon-kontakt	Versiche-rungsnehmer	Versiche-rungsnummer	Betrag	Fälligkeit

Jahresbeiträge:
Wenn Sie Ihre Versicherungsbeiträge jährlich statt in monat-
lichen Beiträgen abbuchen lassen, können Sie Geld sparen.
Denn es gibt viele Versicherungen, die die Beiträge bei
monatlicher Zahlung um einige Prozentpunkte erhöhen.

Überflüssiger Versicherungsschutz?

Haben Sie die Auswahl Ihrer Versicherungen gut erwogen und sich auf die wichtigsten Versicherungsgegenstände beschränkt? Abgesehen von den wirklich notwendigen gibt es eine Fülle von Versicherungen, die nur wenig sinnvoll oder ihr Geld nicht wert sind. Neben den Pflichtversicherungen (z.B. Krankenversicherung, KFZ-Haftpflicht), der Privat-Haftpflicht und der Berufsunfähigkeitsversicherung empfehlen Experten lediglich den Abschluss von Versicherungen gegen Schadensfälle, für die Sie im Ernstfall nicht selbst aufkommen können. Überlegen Sie, ob ein eventueller Schaden Sie existenziell bedrohen würde, wenn Sie sich nicht dagegen versichern würden.

Versicherungs-Check

Führen Sie jährlich einen Versicherungs-Check durch, überprüfen Sie die Notwendigkeit Ihrer Versicherungen und nehmen Sie sich Zeit für eine Preis- und Leistungsbilanz. Viele Versicherungen sind im Vergleich viel zu teuer und belasten Ihre Haushaltsausgaben unnötig.

Alles ist Verhandlungssache

Holen Sie mehrere Angebote ein. Konfrontieren Sie Ihre bisherige Versicherung als treuer Versicherungsnehmer mit günstigeren Angeboten und handeln Sie gegebenenfalls günstigere Konditionen aus.

Kündigung

Sollten Sie feststellen, dass eine Versicherung überflüssig ist, dann kündigen Sie diese. Eine Kündigung ist in der Regel zum Ende der Mindestlaufzeit und danach jährlich zum Ende des laufenden Versicherungsjahres möglich. Die Mindestlaufzeiten betragen meistens ein, drei oder mehr Jahre, mit einer Kündigungsfrist von eins bis drei Monaten. Die Kündigung der KFZ-Haftpflicht oder -Kaskoversicherung sowie der Krankenversicherung ist auch anlässlich einer jeden Beitragserhöhung möglich.

Holen Sie sich Rat!

Unabhängige Versicherungsvertreter sind nicht an eine bestimmte Versicherung gebunden und verfügen über gute Kenntnisse der Preis-Leistungsbilanz der verschiedenen Versicherungsgesellschaften. Sie können Ihnen bei der Suche nach einer günstigeren Versicherung, deren Leistungen auf Ihre Ansprüche abgestimmt sind, behilflich sein. Bitten Sie in diesem Fall um eine kostenlose und unverbindliche Beratung und entscheiden Sie zuletzt nach eigenem Ermessen.

Gesamtübersicht Einnahmen & feste Kosten

Feste Beträge Einnahmen	monatlich	vierteljährlich	jährlich	Betrag
Gehalt				
Mieteinnahmen				
Kindergeld				
Sonstiges				
Sonstiges				
Sonstiges				
		Einnahmen gesamt pro Jahr		

Feste Beträge Ausgaben	monatlich	vierteljährlich	jährlich	Betrag
Miete				
Grundsteuer				
Strom				
Wasser				
Heizung				
Sonstige Nebenkosten				
Sonstige Nebenkosten				
Sonstige Nebenkosten				
Fahrtkosten				
KFZ-Steuer				
KFZ-Versicherung				
Telefon				
Handy				
		Ausgaben gesamt pro Jahr		

Feste Beträge Ausgaben	monatlich	vierteljährlich	jährlich	Betrag
		Übertrag ---------->		
Internet				
Rundfunk- & Fernsehgebühren				
Mitgliedsbeiträge				
Mitgliedsbeiträge				
Versicherungen				
Versicherungen				
Versicherungen				
Versicherungen				
Versicherungen				
Kredite				
Kredite				
Kredite				
Sonstiges				
Sonstiges				
Sonstiges				
Sonstiges				
Sonstiges				
Sonstiges				
Sonstiges				
		Ausgaben gesamt pro Jahr		

Standby:

Auch im Standby-Betrieb verbrauchen Fernseher, Stereoanlage und Computer Strom. Denken Sie also daran, die Geräte auszuschalten, wenn Sie das Haus verlassen bzw. wenn Sie sie nicht benutzen.

Veränderliche Ausgaben für den Monat _____

Datum	Artikel	Bezugsquelle/ Händler	Bemerkungen	Betrag
			veränderliche Ausgaben	

Datum	Artikel	Bezugsquelle/ Händler	Bemerkungen	Betrag
			Übertrag ----------->	
			Einnahmen	
			feste Ausgaben	
			veränderliche Ausgaben	
			Restbetrag	

Wasser:

Wasser ist ein kostbares und teures Gut! Lassen Sie tropfende Wasserhähne sofort reparieren und benutzen Sie so oft wie möglich die Spartaste bei der Toilettenspülung.

Veränderliche Ausgaben für den Monat _____

Datum	Artikel	Bezugsquelle/ Händler	Bemerkungen	Betrag
		veränderliche Ausgaben		

Datum	Artikel	Bezugsquelle/ Händler	Bemerkungen	Betrag
			Übertrag ----------▶	
			Einnahmen	
			feste Ausgaben	
			veränderliche Ausgaben	
			Restbetrag	

Konto:

Ein Tagesgeldkonto ist eine gute Alternative zum herkömmlichen Girokonto. Sie können jederzeit schnell über Ihr Geld verfügen und bekommen auch noch Zinsen dafür.

Veränderliche Ausgaben für den Monat _____

Datum	Artikel	Bezugsquelle/ Händler	Bemerkungen	Betrag
			veränderliche Ausgaben	

Datum	Artikel	Bezugsquelle/ Händler	Bemerkungen	Betrag
			Übertrag ----------➤	

Einnahmen	
feste Ausgaben	
veränderliche Ausgaben	
Restbetrag	

Lebensmitteleinkauf:

Vermeiden Sie es, mit leerem Magen einkaufen zu gehen. In zahlreichen Untersuchungen wurde festgestellt, dass man dann mehr einkauft, als man eigentlich benötigt.

Veränderliche Ausgaben für den Monat _____

Datum	Artikel	Bezugsquelle/ Händler	Bemerkungen	Betrag
			veränderliche Ausgaben	

Datum	Artikel	Bezugsquelle/ Händler	Bemerkungen	Betrag
			Übertrag ----------➤	
			Einnahmen	
			feste Ausgaben	
			veränderliche Ausgaben	
			Restbetrag	

Telefonauskunft:

Wenn Sie eine Telefonnummer über die Auskunft erfragen, lassen Sie sich anschließend nicht verbinden, denn das kostet extra. Notieren Sie die Nummer und rufen Sie direkt an. Oder schauen Sie gleich im Telefonbuch oder im Internet nach.

Veränderliche Ausgaben für den Monat _____

Datum	Artikel	Bezugsquelle/ Händler	Bemerkungen	Betrag
			veränderliche Ausgaben	

Datum	Artikel	Bezugsquelle/ Händler	Bemerkungen	Betrag
			Übertrag ‑‑‑‑‑‑‑‑‑‑➤	

Einnahmen	
feste Ausgaben	
veränderliche Ausgaben	
Restbetrag	

Toastbrot:

Toastbrot lässt sich prima portionsweise einfrieren.
Man kann es dann unaufgetaut in den Toaster stecken.
So vermeiden Sie, dass es vorzeitig schimmelt, was vor
allem in kleinen Haushalten leicht passiert.

Veränderliche Ausgaben für den Monat _____

Datum	Artikel	Bezugsquelle/ Händler	Bemerkungen	Betrag
			veränderliche Ausgaben	

Datum	Artikel	Bezugsquelle/ Händler	Bemerkungen	Betrag
			Übertrag ----------▶	

Einnahmen	
feste Ausgaben	
veränderliche Ausgaben	
Restbetrag	

Wecker:

Radiowecker mit Netzanschluss verbrauchen wesentlich mehr Strom als batteriebetriebene Wecker. Und mit Letzterem sind Sie auch bei einem Stromausfall auf der sicheren Seite!

Veränderliche Ausgaben für den Monat _____

Datum	Artikel	Bezugsquelle/ Händler	Bemerkungen	Betrag
			veränderliche Ausgaben	

Datum	Artikel	Bezugsquelle/ Händler	Bemerkungen	Betrag
			Übertrag - - - - - - - - - - ➤	
			Einnahmen	
			feste Ausgaben	
			veränderliche Ausgaben	
			Restbetrag	

Seife:

Seifenstücke lassen sich problemlos einige Jahre lagern und sind meist auch günstiger als Flüssigseife.

Veränderliche Ausgaben für den Monat _____

Datum	Artikel	Bezugsquelle/ Händler	Bemerkungen	Betrag
			veränderliche Ausgaben	

Datum	Artikel	Bezugsquelle/ Händler	Bemerkungen	Betrag
			Übertrag ----------➤	

Einnahmen	
feste Ausgaben	
veränderliche Ausgaben	
Restbetrag	

Kugelschreiber- und Filzstiftflecken:

Kugelschreiber- und Filzstiftflecken lassen sich aus Kleidung entfernen, indem man sie über Nacht in Milch legt. Der Fleck verschwindet meistens, wenn Sie die Wäsche am nächsten Tag in der Waschmaschine waschen.

Veränderliche Ausgaben für den Monat _____

Datum	Artikel	Bezugsquelle/ Händler	Bemerkungen	Betrag
			veränderliche Ausgaben	

Datum	Artikel	Bezugsquelle/ Händler	Bemerkungen	Betrag
			Übertrag ----------➤	

			Einnahmen	
			feste Ausgaben	
			veränderliche Ausgaben	
			Restbetrag	

Haustiere:

Hund, Katze & Co. können Sie anstatt beim Züchter oder im Zooladen auch aus dem Tierheim holen. Hier erwartet man in der Regel nur eine kleine Spende oder die Erstattung der Impfkosten.

Veränderliche Ausgaben für den Monat _____

Datum	Artikel	Bezugsquelle/ Händler	Bemerkungen	Betrag
			veränderliche Ausgaben	

Datum	Artikel	Bezugsquelle/ Händler	Bemerkungen	Betrag
			Übertrag - - - - - - - - -➤	

Einnahmen	
feste Ausgaben	
veränderliche Ausgaben	
Restbetrag	

Geschenke:

Notieren Sie sich auf einem Zettel Geschenkideen und legen Sie ihn in Ihre Geldbörse. Wenn Sie ein günstiges Angebot sehen, greifen Sie zu! Denn mit einem kleinen Vorrat an Geschenken sind Sie auch bei unverhofften Einladungen immer bestens gerüstet.

Veränderliche Ausgaben für den Monat _____

Datum	Artikel	Bezugsquelle/ Händler	Bemerkungen	Betrag
			veränderliche Ausgaben	

Datum	Artikel	Bezugsquelle/ Händler	Bemerkungen	Betrag
			Übertrag ---------->	
			Einnahmen	
			feste Ausgaben	
			veränderliche Ausgaben	
			Restbetrag	

Kleidung:

Eine Alternative zu teuren Boutiquen sind Second-handläden. Hier finden Sie häufig wenig getragene Markenkleidung zu niedrigen Preisen.

Veränderliche Ausgaben für den Monat _____

Datum	Artikel	Bezugsquelle/ Händler	Bemerkungen	Betrag
			veränderliche Ausgaben	

Datum	Artikel	Bezugsquelle/ Händler	Bemerkungen	Betrag
			Übertrag ----------→	
			Einnahmen	
			feste Ausgaben	
			veränderliche Ausgaben	
			Restbetrag	

Versalzene Suppe:

Eine versalzene Suppe lässt sich häufig retten, wenn man rohe, geschälte Kartoffeln mitkocht und dann wieder herausnimmt. Kartoffeln haben die Eigenschaft, viel Salz aufzunehmen.

Veränderliche Ausgaben für den Monat _____

Datum	Artikel	Bezugsquelle/ Händler	Bemerkungen	Betrag
			veränderliche Ausgaben	

Datum	Artikel	Bezugsquelle/ Händler	Bemerkungen	Betrag
			Übertrag ---------->	

Einnahmen	
feste Ausgaben	
veränderliche Ausgaben	
Restbetrag	

Fruchtsaft:

Da Fruchtsäfte pur oft sehr süß und kalorienreich sind, ist es empfehlenswert, sie im Verhältnis 1:1 mit Wasser zu verdünnen. So können Sie nicht nur Geld, sondern auch noch Kalorien sparen.

Veränderliche Ausgaben für den Monat _____

Datum	Artikel	Bezugsquelle/ Händler	Bemerkungen	Betrag
			veränderliche Ausgaben	

Datum	Artikel	Bezugsquelle/Händler	Bemerkungen	Betrag
			Übertrag ---------->	

Einnahmen	
feste Ausgaben	
veränderliche Ausgaben	
Restbetrag	

Klimaanlage:

Die Klimaanlage Ihres Autos verbraucht sehr viel Benzin. Sie sollten sie nur bei extremen Wetterlagen einschalten. Häufig ist es völlig ausreichend, das Fenster oder Schiebedach etwas zu öffnen, vor allem bei langsamer Fahrweise.

Veränderliche Ausgaben für den Monat _____

Datum	Artikel	Bezugsquelle/ Händler	Bemerkungen	Betrag
			veränderliche Ausgaben	

Datum	Artikel	Bezugsquelle/ Händler	Bemerkungen	Betrag
			Übertrag ----------→	

Einnahmen		
feste Ausgaben		
veränderliche Ausgaben		
Restbetrag		

Rollläden:

Im Winter können Sie viel Energie einsparen, indem Sie abends die Rollläden herunterlassen. Das bewirkt eine bessere Wärmedämmung.

Veränderliche Ausgaben für den Monat _____

Datum	Artikel	Bezugsquelle/ Händler	Bemerkungen	Betrag
		veränderliche Ausgaben		

Datum	Artikel	Bezugsquelle/ Händler	Bemerkungen	Betrag
			Übertrag ----------▶	

Einnahmen	
feste Ausgaben	
veränderliche Ausgaben	
Restbetrag	

Erdflöhe:

In Topfpflanzen siedeln sich gerne Erdflöhe an. Sie können sie mit einfachen Mitteln bekämpfen: Stecken Sie ein Streichholz mit dem Kopf nach unten in die Erde (aber bitte nur bei Zierpflanzen!), dann sind die Schädlinge nach ein paar Tagen verschwunden.

Veränderliche Ausgaben für den Monat _____

Datum	Artikel	Bezugsquelle/ Händler	Bemerkungen	Betrag
		veränderliche Ausgaben		

Datum	Artikel	Bezugsquelle/ Händler	Bemerkungen	Betrag
			Übertrag ----------➤	
			Einnahmen	
			feste Ausgaben	
			veränderliche Ausgaben	
			Restbetrag	

Küchenreibe:

Stumpfe Küchenreiben werden wieder scharf, wenn man mit einem Stück Schleifpapier einige Male gegen die Reibrichtung darüber schmirgelt.

Veränderliche Ausgaben für den Monat _____

Datum	Artikel	Bezugsquelle/ Händler	Bemerkungen	Betrag
			veränderliche Ausgaben	

Datum	Artikel	Bezugsquelle/ Händler	Bemerkungen	Betrag
			Übertrag ----------➤	

Einnahmen	
feste Ausgaben	
veränderliche Ausgaben	
Restbetrag	

Familientage:

Möchten Sie mit Ihrer Familie einen Zoo oder einen Freizeitpark besuchen, dann halten Sie Ausschau nach „Familientagen" oder sonstigen Angeboten. Wenn Sie sich an diesen Terminen orientieren, können Sie eine Menge Eintrittsgeld sparen.

Veränderliche Ausgaben für den Monat _____

Datum	Artikel	Bezugsquelle/ Händler	Bemerkungen	Betrag
			veränderliche Ausgaben	

Datum	Artikel	Bezugsquelle/ Händler	Bemerkungen	Betrag
			Übertrag ---------->	
			Einnahmen	
			feste Ausgaben	
			veränderliche Ausgaben	
			Restbetrag	

Mietkaution:

Wenn Ihr Vermieter für Ihre Mietkaution anstatt eines niedrig verzinsten Sparbuchs eine andere, höherverzinste Anlageform wählt, können Sie deutlich höhere Gewinne auf Ihr Guthaben erzielen. Sprechen Sie mit Ihrem Vermieter und Ihrer Bank über die Form der Geldanlage.

Veränderliche Ausgaben für den Monat _____

Datum	Artikel	Bezugsquelle/ Händler	Bemerkungen	Betrag
		veränderliche Ausgaben		

Datum	Artikel	Bezugsquelle/ Händler	Bemerkungen	Betrag
			Übertrag ----------►	
			Einnahmen	
			feste Ausgaben	
			veränderliche Ausgaben	
			Restbetrag	

Hackfleisch:

Achten Sie beim Einfrieren von Hackfleisch darauf, dass Sie es ganz flach drücken. Das verringert sowohl die Einfrierzeit als auch den Stromverbrauch des Gefriergeräts. Und das Fleisch taut auch schneller wieder auf.

Veränderliche Ausgaben für den Monat _____

Datum	Artikel	Bezugsquelle/ Händler	Bemerkungen	Betrag
			veränderliche Ausgaben	

Datum	Artikel	Bezugsquelle/ Händler	Bemerkungen	Betrag
			Übertrag - - - - - - - - - ➔	

Einnahmen	
feste Ausgaben	
veränderliche Ausgaben	
Restbetrag	

Wäschetrockner und Waschmaschine:

Achten Sie bereits beim Kauf auf energiesparende Modelle. Erkundigen Sie sich bei Ihrem Stromanbieter, zu welchen Tages- oder Nachtzeiten der Strom billiger ist und ändern Sie Ihre Waschzeiten entsprechend.

Veränderliche Ausgaben für den Monat _____

Datum	Artikel	Bezugsquelle/ Händler	Bemerkungen	Betrag
			veränderliche Ausgaben	

Datum	Artikel	Bezugsquelle/ Händler	Bemerkungen	Betrag
			Übertrag ----------▶	
			Einnahmen	
			feste Ausgaben	
			veränderliche Ausgaben	
			Restbetrag	

Leihgeräte:

Wenn Sie nicht gerade Hobbyheimwerker sind und Handwerksmaschinen, wie z. B. Bohrmaschine, nicht so häufig benötigen, können Sie diese auch bei einem Nachbarn oder im Baumarkt ausleihen.

Veränderliche Ausgaben für den Monat _____

Datum	Artikel	Bezugsquelle/ Händler	Bemerkungen	Betrag
			veränderliche Ausgaben	

Datum	Artikel	Bezugsquelle/ Händler	Bemerkungen	Betrag
			Übertrag ----------▶	
			Einnahmen	
			feste Ausgaben	
			veränderliche Ausgaben	
			Restbetrag	

Nagellack:

Nagellack bleibt länger streichfähig, wenn Sie ihn im Kühlschrank aufbewahren. Sollte er doch einmal eingetrocknet sein, können Sie ihn mit einem Schuss Nagellackentferner wieder geschmeidig machen.

Veränderliche Ausgaben für den Monat _____

Datum	Artikel	Bezugsquelle/ Händler	Bemerkungen	Betrag
			veränderliche Ausgaben	

Datum	Artikel	Bezugsquelle/ Händler	Bemerkungen	Betrag
			Übertrag ------------➤	
			Einnahmen	
			feste Ausgaben	
			veränderliche Ausgaben	
			Restbetrag	

Gefriergeräte:

Gefriergeräte sollten in einem kühlen Raum, wie z.B. Keller oder Waschküche, aufgestellt werden, dann verbrauchen sie wesentlich weniger Strom als in der meist wärmeren Küche.

Veränderliche Ausgaben für den Monat _____

Datum	Artikel	Bezugsquelle/ Händler	Bemerkungen	Betrag
			veränderliche Ausgaben	

Datum	Artikel	Bezugsquelle/ Händler	Bemerkungen	Betrag
			Übertrag ----------▶	
			Einnahmen	
			feste Ausgaben	
			veränderliche Ausgaben	
			Restbetrag	

Mitfahrzentrale:

Wenn Sie bei einer längeren Autofahrt noch Sitzplätze frei haben, können Sie diese bei der Mitfahrzentrale oder im Internet anbieten. Ihre Mitfahrer zahlen dann einen pauschalen Preis, der häufig Ihre Spritkosten deckt.

Veränderliche Ausgaben für den Monat _____

Datum	Artikel	Bezugsquelle/ Händler	Bemerkungen	Betrag
			veränderliche Ausgaben	

Datum	Artikel	Bezugsquelle/ Händler	Bemerkungen	Betrag
			Übertrag - - - - - - - - - ➤	

Einnahmen	
feste Ausgaben	
veränderliche Ausgaben	
Restbetrag	

Friseurbesuch:

Sie sparen beim Friseur viel Geld, wenn Sie Ihre Haare nach dem Waschen und Schneiden selbst föhnen. Bei einigen Friseuren können Sie Ihre Haare zu Hause waschen und der Friseur besprüht sie vor dem Schneiden mit Wasser. So wird es noch günstiger.

Veränderliche Ausgaben für den Monat _____

Datum	Artikel	Bezugsquelle/ Händler	Bemerkungen	Betrag
			veränderliche Ausgaben	

Datum	Artikel	Bezugsquelle/ Händler	Bemerkungen	Betrag
			Übertrag ----------→	
			Einnahmen	
			feste Ausgaben	
			veränderliche Ausgaben	
			Restbetrag	

Supermarkt:

Im Supermarkt stehen die teuren Lebensmittel häufig auf Augenhöhe. Schauen Sie auch weiter oben und unten nach günstigeren Artikeln, bevor Sie zugreifen.

Veränderliche Ausgaben für den Monat _____

Datum	Artikel	Bezugsquelle/ Händler	Bemerkungen	Betrag
			veränderliche Ausgaben	

Datum	Artikel	Bezugsquelle/ Händler	Bemerkungen	Betrag
			Übertrag ---------->	
			Einnahmen	
			feste Ausgaben	
			veränderliche Ausgaben	
			Restbetrag	

Gemüse:

Wenn Sie Gemüse in möglichst wenig Wasser kochen und etwas Öl hinzufügen, wird es
schneller gar. Die Vitamine bleiben erhalten
und Sie sparen Zeit und Energie.

Veränderliche Ausgaben für den Monat _____

Datum	Artikel	Bezugsquelle/ Händler	Bemerkungen	Betrag
			veränderliche Ausgaben	

Datum	Artikel	Bezugsquelle/ Händler	Bemerkungen	Betrag
			Übertrag ----------▶	
			Einnahmen	
			feste Ausgaben	
			veränderliche Ausgaben	
			Restbetrag	

Obst und Gemüse schälen:

Es ist sinnvoll, zum Schälen von Obst und Gemüse einen Sparschäler zu benutzen. So haben Sie im Gegensatz zum Schälen mit dem Messer weniger Abfall.

Veränderliche Ausgaben für den Monat _____

Datum	Artikel	Bezugsquelle/ Händler	Bemerkungen	Betrag
			veränderliche Ausgaben	

Datum	Artikel	Bezugsquelle/ Händler	Bemerkungen	Betrag
			Übertrag ----------➤	
			Einnahmen	
			feste Ausgaben	
			veränderliche Ausgaben	
			Restbetrag	

Badewanne:

Für ein Vollbad verbrauchen Sie wesentlich mehr Wasser als für eine Dusche. Natürlich können Sie sich von Zeit zu Zeit ein Vollbad gönnen, für die tägliche Körperreinigung ist eine Dusche aber völlig ausreichend.

Veränderliche Ausgaben für den Monat _____

Datum	Artikel	Bezugsquelle/ Händler	Bemerkungen	Betrag
			veränderliche Ausgaben	

Datum	Artikel	Bezugsquelle/ Händler	Bemerkungen	Betrag
			Übertrag ----------➤	
			Einnahmen	
			feste Ausgaben	
			veränderliche Ausgaben	
			Restbetrag	

Geschirrspülmaschine:

Achten Sie darauf, dass die Spülmaschine vollständig gefüllt ist, bevor Sie den Spülgang starten. Wenn Sie für nur leicht verschmutztes Geschirr eine niedrigere Temperatur wählen, lässt sich einiges an Energie einsparen.

Veränderliche Ausgaben für den Monat _____

Datum	Artikel	Bezugsquelle/Händler	Bemerkungen	Betrag
			veränderliche Ausgaben	

Datum	Artikel	Bezugsquelle/ Händler	Bemerkungen	Betrag
			Übertrag ---------->	
			Einnahmen	
			feste Ausgaben	
			veränderliche Ausgaben	
			Restbetrag	

Felgen:

Für die Reinigung Ihrer Autofelgen benötigen Sie keine teuren Spezialmittel. Versuchen Sie es mit Backofenreiniger, das funktioniert prima.

Veränderliche Ausgaben für den Monat _____

Datum	Artikel	Bezugsquelle/Händler	Bemerkungen	Betrag
			veränderliche Ausgaben	

Datum	Artikel	Bezugsquelle/ Händler	Bemerkungen	Betrag
			Übertrag ---------->	

Einnahmen	
feste Ausgaben	
veränderliche Ausgaben	
Restbetrag	

Einkaufszettel:

Das Schreiben eines Einkaufszettels hat zwei Vorteile: Sie werden nicht zu Spontankäufen verführt und Sie vergessen auch nichts Wichtiges, das Sie dann vielleicht im Laden um die Ecke teuer nachkaufen müssen.

Veränderliche Ausgaben für den Monat _____

Datum	Artikel	Bezugsquelle/Händler	Bemerkungen	Betrag
		veränderliche Ausgaben		

Datum	Artikel	Bezugsquelle/ Händler	Bemerkungen	Betrag
			Übertrag ----------▶	

Einnahmen	
feste Ausgaben	
veränderliche Ausgaben	
Restbetrag	

Benzin:

Durch eine überlegte Fahrweise können Sie viel Benzin einsparen. Fahren Sie nicht zu schnell und legen Sie einen höheren Gang ein, als notwendig, das spart bis zu 2 Liter auf 100 Kilometer.

Veränderliche Ausgaben für den Monat _____

Datum	Artikel	Bezugsquelle/ Händler	Bemerkungen	Betrag
			veränderliche Ausgaben	

Datum	Artikel	Bezugsquelle/ Händler	Bemerkungen	Betrag
			Übertrag ----------→	

Einnahmen	
feste Ausgaben	
veränderliche Ausgaben	
Restbetrag	

Barzahlung:

Bezahlen Sie möglichst häufig bar anstatt mit Karte oder Schecks. Erwiesenermaßen ist die Hemmschwelle zum Geldausgeben bei bargeldloser Zahlung wesentlich niedriger als bei Barzahlung.

Veränderliche Ausgaben für den Monat _____

Datum	Artikel	Bezugsquelle/ Händler	Bemerkungen	Betrag
			veränderliche Ausgaben	

Datum	Artikel	Bezugsquelle/ Händler	Bemerkungen	Betrag
			Übertrag ---------->	

Einnahmen	
feste Ausgaben	
veränderliche Ausgaben	
Restbetrag	

Mangelhafte Ware:

Wenn Sie beim Einkaufen Mängel, wie kleine Flecken, aufgerissene Nähte etc., feststellen, können Sie mit dem Verkäufer einen Rabatt aushandeln. Kleinere Mängel kann man dann problemlos selbst beheben.

Veränderliche Ausgaben für den Monat _____

Datum	Artikel	Bezugsquelle/ Händler	Bemerkungen	Betrag
			veränderliche Ausgaben	

Datum	Artikel	Bezugsquelle/ Händler	Bemerkungen	Betrag
			Übertrag ----------→	
			Einnahmen	
			feste Ausgaben	
			veränderliche Ausgaben	
			Restbetrag	

Vanilleschoten:

Teure Vanilleschoten sollten Sie nach dem Auskratzen keinesfalls wegwerfen. Wenn Sie sie in ein mit Zucker gefülltes Schraubglas legen, haben Sie schon nach wenigen Tagen wunderbar aromatischen Vanillezucker.

Veränderliche Ausgaben für den Monat _____

Datum	Artikel	Bezugsquelle/ Händler	Bemerkungen	Betrag
			veränderliche Ausgaben	

Datum	Artikel	Bezugsquelle/ Händler	Bemerkungen	Betrag
			Übertrag ---------->	

	Einnahmen	
	feste Ausgaben	
	veränderliche Ausgaben	
	Restbetrag	

Müllbeutel:

Plastiktüten können Sie nach dem Einkaufen
noch als Müllbeutel verwenden. Je nach Größe
eignen sie sich sowohl für den Küchenmülleimer
als auch für den Kosmetikeimer im Bad.

Veränderliche Ausgaben für den Monat _____

Datum	Artikel	Bezugsquelle/ Händler	Bemerkungen	Betrag
			veränderliche Ausgaben	

Datum	Artikel	Bezugsquelle/ Händler	Bemerkungen	Betrag
			Übertrag ---------->	

Einnahmen	
feste Ausgaben	
veränderliche Ausgaben	
Restbetrag	

Sonderangebote:

Es lohnt sich, günstig angebotene Lebensmittel in großen Mengen zu kaufen und sie portionsweise einzufrieren. So haben Sie nicht nur Geld, sondern auch Zeit bei der Essenszubereitung gespart.

Veränderliche Ausgaben für den Monat _____

Datum	Artikel	Bezugsquelle/ Händler	Bemerkungen	Betrag
			veränderliche Ausgaben	

Datum	Artikel	Bezugsquelle/ Händler	Bemerkungen	Betrag
			Übertrag ----------▶	

Einnahmen	
feste Ausgaben	
veränderliche Ausgaben	
Restbetrag	

Geschenkpapier:

Schönes Papier, Bändchen oder Geschenktüten sind zu schade zum Wegwerfen. Sie können sie wieder verwenden, wenn Sie das Papier und die Bänder glattstreichen bzw. bügeln.

Saisonkalender für Obst und Gemüse

Gemüse	Jan	Feb	März	April	Mai	Juni	Juli	Aug	Sep	Okt	Nov	Dez
Auberginen												
Blattsalate												
Blumenkohl												
Brokkoli												
Chinakohl												
Endiviensalat												
Erbsen												
Feldsalat												
Fenchel												
Grüne Bohnen												
Grünkohl												
Gurken												
Karotten												
Kartoffeln												
Knollensellerie												
Kohlrabi												
Kopfkohl												
Kürbis												
Lauch												
Mais												
Paprika												
Pastinaken												
Radicchio												
Radieschen												
Rettich												
Rosenkohl												
Rote Bete												
Rucola												
Schwarzwurzeln												
Spargel												
Spinat												
Tomaten												
Topinambur												
Zucchini												
Zwiebeln												

Obst	Jan	Feb	März	April	Mai	Juni	Juli	Aug	Sep	Okt	Nov	Dez
Äpfel												
Aprikosen												
Birnen												
Brombeeren												
Erdbeeren												
Heidelbeeren												
Himbeeren												
Holunderbeeren												
Johannisbeeren												
Kirsche												
Mirabellen												
Pfirsische												
Pflaumen												
Quitten												
Stachelbeeren												
Weintrauben												
Zwetschgen												

Wunschzettel

Was wünsche ich mir?	Bemerkungen	Betrag

© 2011 design cat GmbH

Genehmigte Lizenzausgabe
EDITION XXL GmbH
Industriestraße 19
64407 Fränkisch-Crumbach 2015
www.edition-xxl.de

Idee und Projektleitung: Sonja Sammüller
Layout, Satz und Umschlaggestaltung:
design cat GmbH

ISBN (13) 978-3-89736-032-7
ISBN (10)   3-89736-032-2

Bildnachweis:

Shutterstock: LittleRambo Cover, 5/advent 10/
lineartestpilot 13, 14